279

Carnet de Chèques

par Caran d'Ache

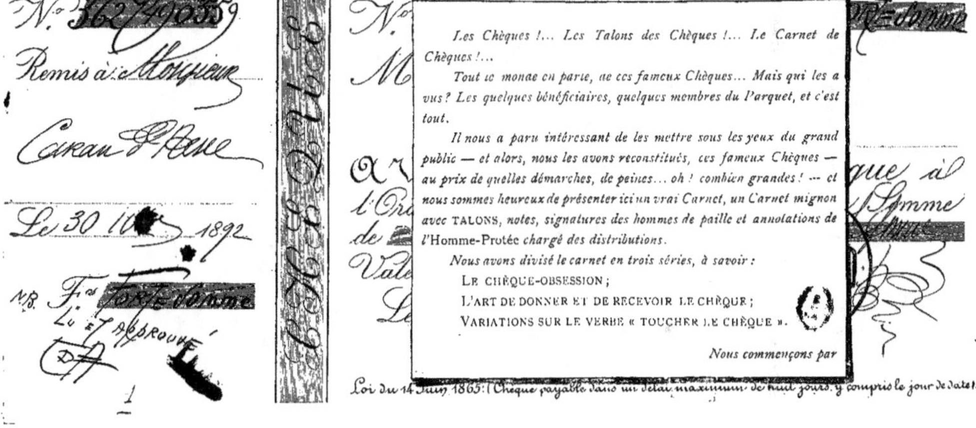

Les Chèques !... Les Talons des Chèques !... Le Carnet de Chèques !...

Tout le monde en parle, de ces fameux Chèques... Mais qui les a vus ? Les quelques bénéficiaires, quelques membres du Parquet, et c'est tout.

Il nous a paru intéressant de les mettre sous les yeux du grand public — et alors, nous les avons reconstitués, ces fameux Chèques — au prix de quelles démarches, de peines... oh ! combien grandes ! ... et nous sommes heureux de présenter ici un vrai Carnet, un Carnet mignon avec TALONS, notes, signatures des hommes de paille et annotations de l'Homme-Protée chargé des distributions.

Nous avons divisé le carnet en trois séries, à savoir :

LE CHÈQUE-OBSESSION ;

L'ART DE DONNER ET DE RECEVOIR LE CHÈQUE ;

VARIATIONS SUR LE VERBE « TOUCHER LE CHÈQUE ».

Nous commençons par

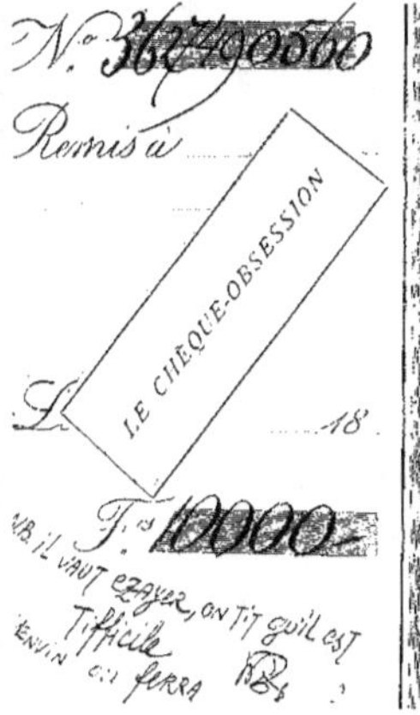

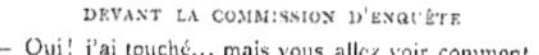
DEVANT LA COMMISSION D'ENQUÊTE

— Oui! j'ai touché... mais vous allez voir comment...

— Je travaillais un matin dans mon cabinet, lorsque...

N°
Remis à
Le   18
F.ᵣ 10000
NB. ÇA NÀ BAS BRIS..... HUM...
FAUT AUKMENDER !

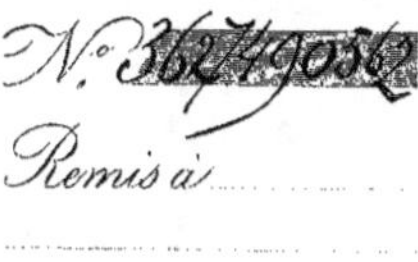
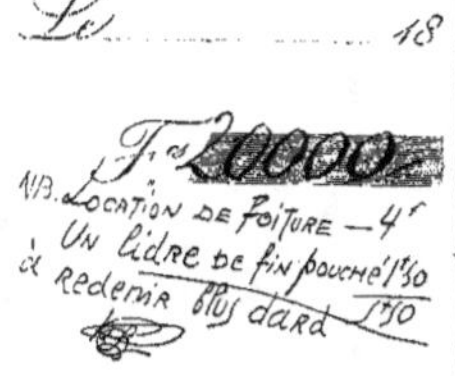

— Le lendemain, je.....

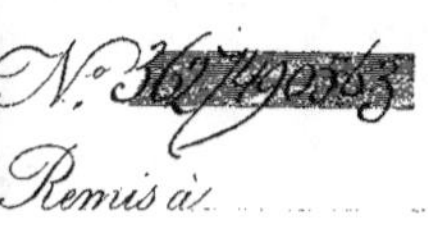
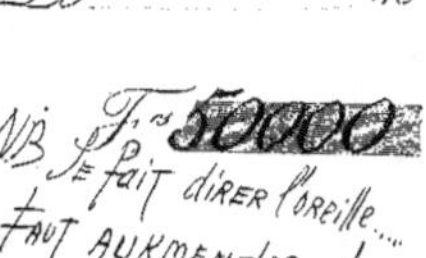

N.º 36749083
Remis à
Le   18
NB ff.rs 50000
je fait direr l'oreille....
faut AUKMENDER !

N.º 162 49056

Remis à

Le 18

F.ᵃ 10000

Ça ne piche pas!...
Augmendons pour foir...
N.B. le pain m'a fait du pien.

N.o
Remis à
Le 18
Frs 80000
NB. "Sacré" animal, que vautil que ché vasse encore !?

N.o 3627490356

Remis à

Le   18

Frs 100000

N.B. On t'en vigera engore
tes Kuillaume Dell gomme cela !
A Nous le krand cheu.......

90000

100000

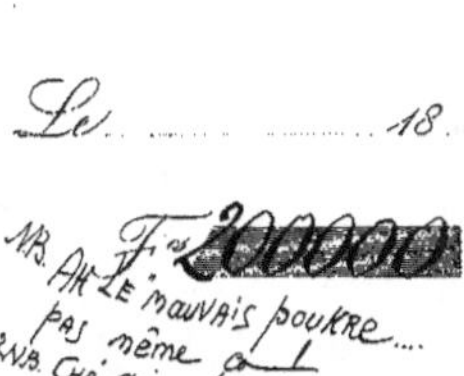

N° 362749056?

Remis à

Le   18.

Frs 200000

...... Accablé, je traversais le parc Monceau......

. . . .

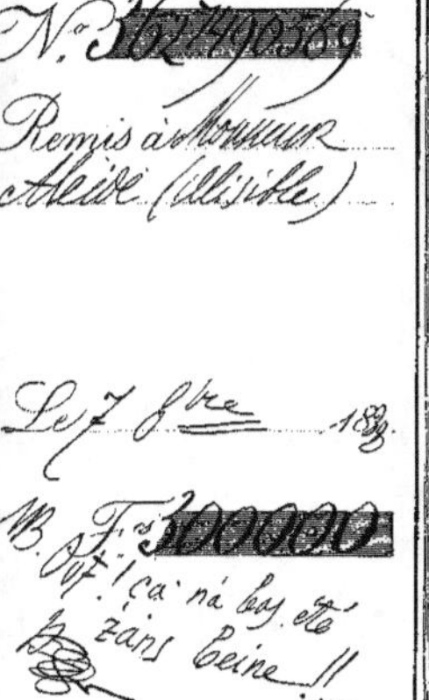

— Et alors... vous comprenez bien... cette o...ces...n perpétuelle... et puis enfin la somme... tout le n o. de à ma place en aurait fait autant!
— C'est vrai!

L'ART DE DONNER ET DE RECEVOIR LE CHÈQUE
Façon la plus gracieuse.

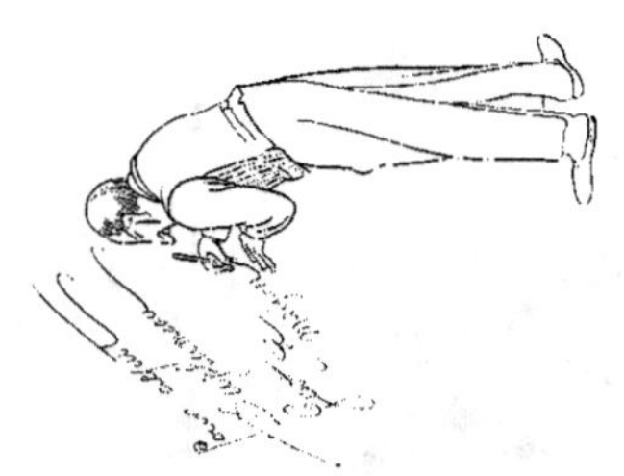

Façon dite « *à la consultation* » chez le député médecin.

Loi du 14 Juin 1865: (Chèque payable dans un délai maximum de huit jours, y compris le jour de date).

Façon brutale pour les indécis.

Par suggestion.

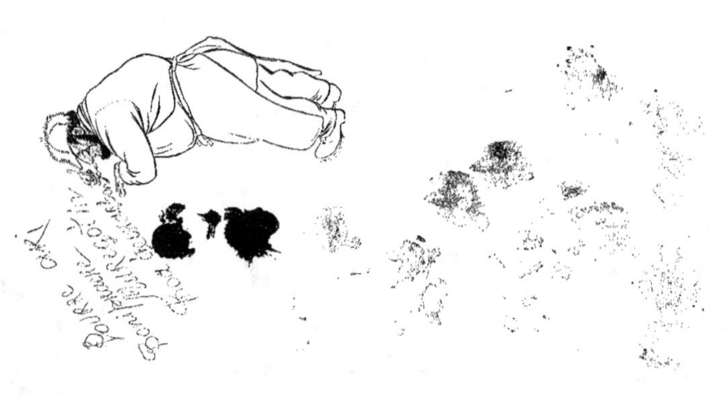

En voyage.

N° 16749005

Remis à Monsieur

Alphonse Lelièvre
Chasseur au
Restaurant Hill's
Le 5 Mai 1889.

F.s 3000

N.B. (et en plus un paletot tout neuf)

Façon délicate (erreur de vestiaire).

Loi du 14 Juin 1865 : Chèque payable dans un délai maximum de huit jours, y compris le jour de date.

Façon machiavélique. — « *Mes dernières poésies !....* »

Loi du 14 Juin 1865 : (Chèque payable dans un délai maximum de huit jours, y compris le jour de date).

N.º 3674905...

Remis à Monsieur

Melassier
Épicerie fine

Le 9 Février 1889

N.B. Frs 50000

il (EN VOILA UN PRAFE KARÇON !
FOUS ENDEND à DEMI MOT)
2. N.B. (IL NE FAUT BAS QUE CH'OUPLIE
TE TEMANTER OU IL GREND
SA VINE-CHAMBAGNE.

Et enfin la façon dite « *à la bonne franquette* » — la plus usitée.

Loi du 14 Juin 1865 : (Chèque payable dans un délai maximum de huit jours, y compris le jour de date)

J'ai touché.   Tu as touché.   Il a touché.

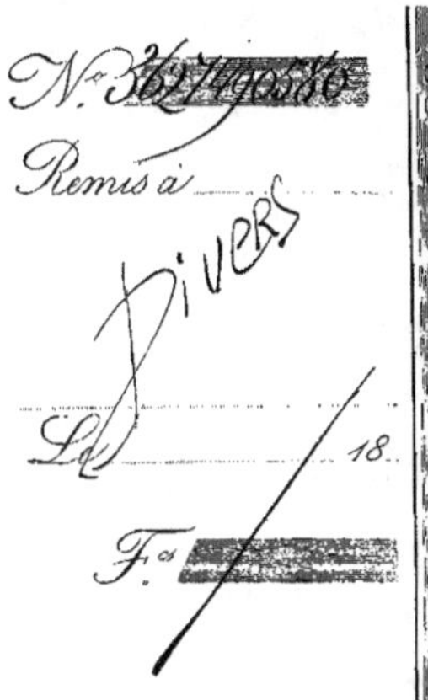

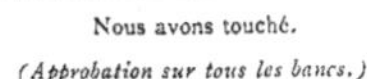

Nous avons touché.

(*Approbation sur tous les bancs.*)

Vous avez touché.

Ils ont touché.

(*Réflexion d'un Actionnaire.*)

Ah! si j'avais touché!

Ah! si tu avais touché!...

Ah! s'il avait touché!

Ah! si nous avions touché!   Ah! si vous aviez touché!   Ah! s'ils avaient touché!

Je touche !

(Note de l'Auteur.)

PARIS. — TYPOGRAPHIE DE E. PLON, NOURRIT ET C¹ᵉ, RUE GARANCIÈRE, 8.

www.ingramcontent.com/pod-product-compliance
Lightning Source LLC
LaVergne TN
LVHW021153200726

843510LV00001B/326